Peter Haimerl
beierle.goerlich

SCHEDLBERG

Sandra Hofmeister (Hg./Ed.)

Mit Texten von /
With texts by
Jutta Görlich
Sandra Hofmeister
Moritz Holfelder

Edition DETAIL

Das Haus am Schedlberg ist eines von drei Denkhäusern im Bayerischen Wald.

The House at Schedlberg is one of three houses for thinkers in the Bavarian Forest.

SCHEDLBERG

49° 52‘ 13.08
12° 28‘ 46.16

1839
Denkmal
Austragshaus
Einfirsthof
Holzblockbau
Granitsockel
Wohnhaus
Stall
Stadl
Gred
Flez
Stube
Kammern
Gewölbekeller
Holzschindeln

S C H E D L B E R G

49° 52‘ 13.08
12° 28‘ 46.16

1839
Landmark
Farmer's retirement house
Single ridge roof
Stacked log construction
Granite base
Residence
Stable
Barn
Paved area in front of house
Entrance hall
Living room
Bedrooms
Vaulted cellar
Wooden shingles

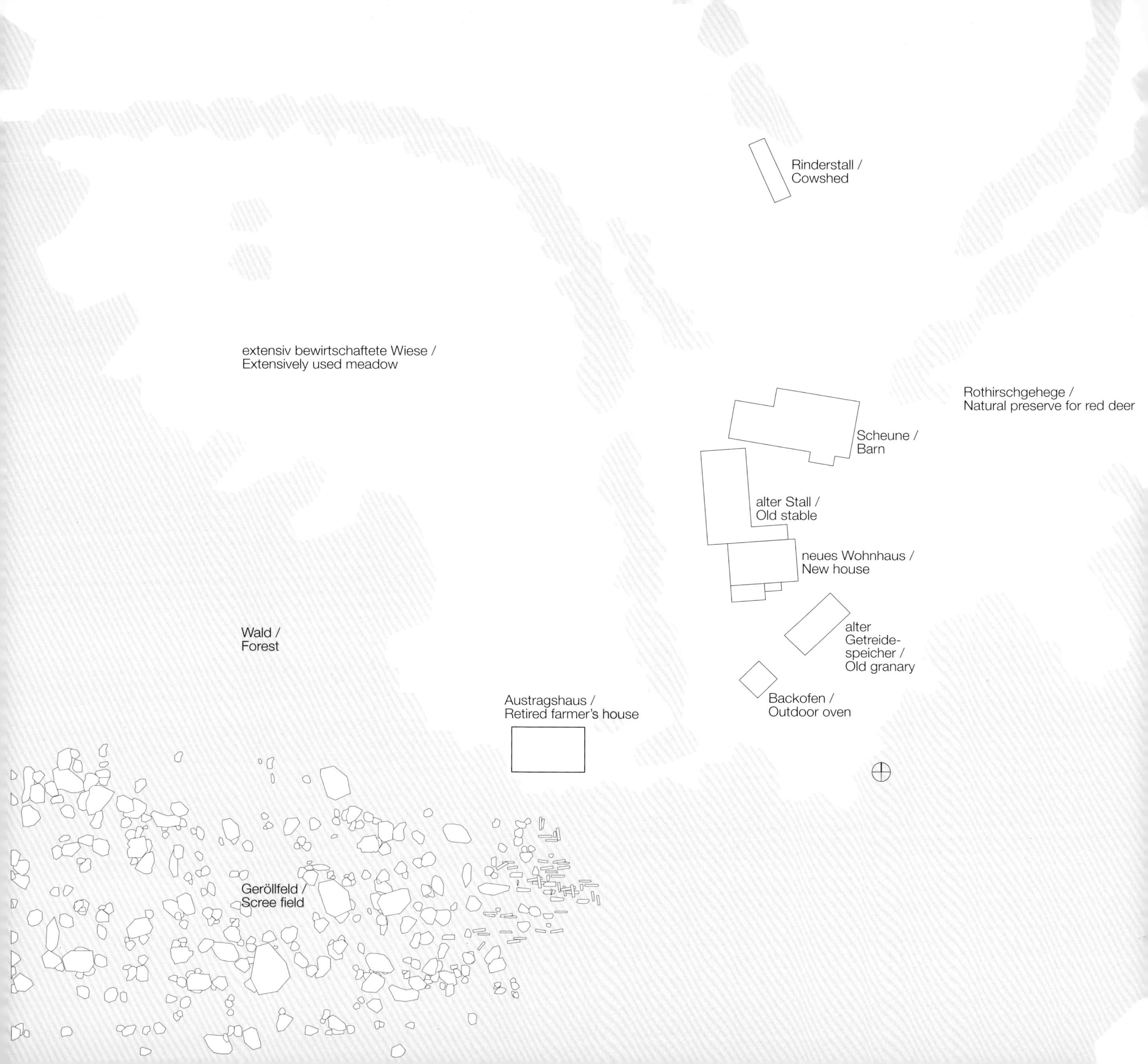
Rinderstall / Cowshed
extensiv bewirtschaftete Wiese / Extensively used meadow
Rothirschgehege / Natural preserve for red deer
Scheune / Barn
alter Stall / Old stable
neues Wohnhaus / New house
Wald / Forest
alter Getreide-speicher / Old granary
Backofen / Outdoor oven
Austragshaus / Retired farmer's house
Geröllfeld / Scree field

Schnitt, Grundrisse /
Section, floor plans
Maßstab / Scale 1:250

1 Flez / Entrance hall
2 Stube / Living room
3 Essbereich / Dining area
4 Küche / Kitchen
5 ehemalige Tenne / Former barn
6 WC, Dusche / WC, shower
7 Lager, Technik / Storage, services
8 Flezboden / Hall
9 Schlafzimmer / Bedroom
10 Bad / Bathroom
11 Ankleide / Dressing room
12 Denkzimmer / Thinking space
13 Luftraum / Void

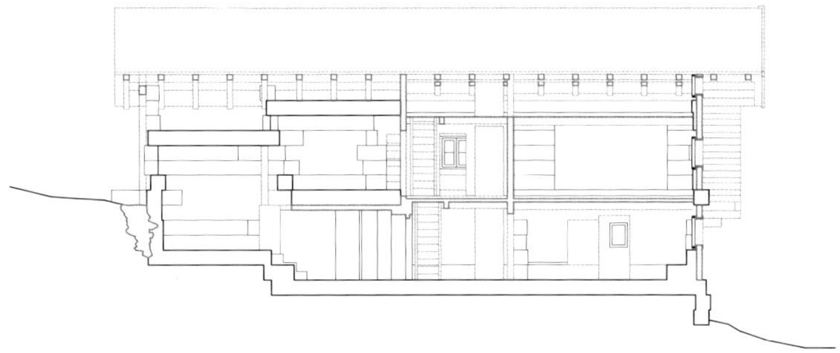

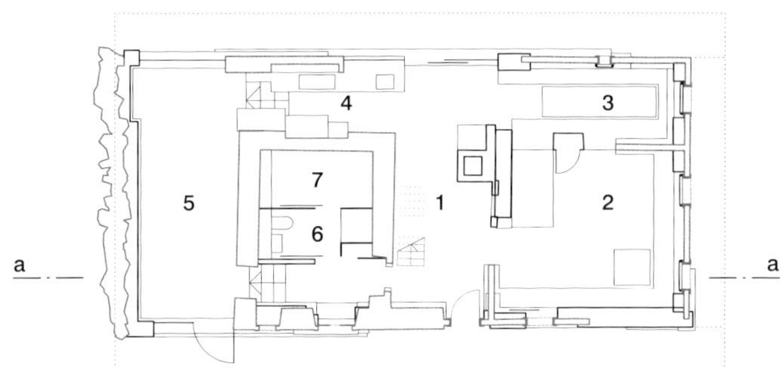

Waidlerhäuser

Die traditionellen Bauernhäuser im Bayerischen Wald ducken sich in die herbe Hügellandschaft.
Heute gibt es nur noch sehr wenige von ihnen.
Als Zeugen einer armen Zeit, die vergessen werden sollte,
wurden die meisten Waidlerhäuser abgerissen.
Einige haben in Freiluftmuseen überlebt.
Andere wurden aus dem Gedächtnis gelöscht,
sie sind sich selbst und dem Verfall überlassen.

Denkhäuser

Der Architekt Peter Haimerl belebt alte Bauernhausruinen im Bayerischen Wald.
Er repariert die Häuser und gibt ihnen wieder eine Zukunft.
Am Schedlberg bei Arnbruck ist eines dieser Häuser – ein verlassenes Austragshaus.
Lange Zeit waren dort Bauern.
Lange Zeit war dort niemand.
Bald wird es ein Haus für Denker,
Rückzugsort für Akademien, Meisterkurse und Gespräche.
Das Haus am Schedlberg ist ein Denkhaus.

Waidlerhaus – Farmhouses of the Bavarian Forest

The traditional farmhouses of the Bavarian forest are embedded in the harsh landscape.
Only a few still exist today.
As vestiges of an older, less prosperous time that would rather be forgotten,
most of them were demolished.
A small number survived in open-air-museums.
Others yet slipped out of memory,
left abandoned to decay.

Houses for thinkers

The architect Peter Haimerl is reviving old farmhouse ruins in the Bavarian Forest.
He repairs them, giving them a future once again.
One of these old, deserted homes is on Schedlberg hill near Arnbruck.
For a long time there were farmers.
For a long time there was no one.
Soon it will become a place of contemplation;
a retreat for academies, master classes and conversations.
The House at Schedlberg is a house for thinkers.

Die Landschaft

Im Norden ist Wald, im Süden die Wiese, im Westen ein Hügelkamm, im Osten das Tal.
Der Wald aus Nadel- und Laubbäumen ist wirsch und wild, dunkel und bemoost.
Die Wiese ist ansteigend, leer, ertragsarm, von Birken gesäumt und wie unrasiert.
Der Hügelkamm ist schroff, dort sind Buchen und Felsen.
Das Tal ist ungefällig und ohne Süße.
Im Tal wohnen Menschen.

Das Haus

Das Haus verbindet Wald, Wiese, Hügel und Tal.
Das Haus ist einfach, schmucklos, kraftvoll.
Die Architektur ist zeitgenössisch:
Beton und Glas sprechen für die Gegenwart.
Granit und Holz sprechen für die Tradition der Waidlerhäuser.
Wald, Wiese und Hügel sind zum Denken da.

Die Architektur

Der Architekt tut nur das, was unbedingt getan werden muss.
Er richtet das Haus wieder auf und gibt ihm ein Dach,
er schafft die lichteste Trennung zwischen Haus und Natur.
Neue Betonbarren umborden das Haus.
Sie vermitteln zwischen Holz und Granit.
Sie stützen das Haus und machen es bewohnbar.
Sie machen Zeitgenossenschaft.
Im Haus sind die notwendigen Dinge:
ein Ofen, ein Herd, ein Tisch, Betten und Bäder, eine Speis, Bücher und Wlan.
Kein Design.
Alles ist Architektur.

Die Bewohner

Denker und Denkerinnen bewohnen Haus und Landschaft auf Zeit.
Sie sichern den Erhalt des Hauses.

The landscape

In the north there is forest, in the south a meadow, in the west a hill crest, in the east the glen.
The forest of conifers and deciduous trees is cross and wild, dark and mossy.
The meadow is sloped, empty, seamed with birches and untrimmed.
The hill comb is jagged, there are beeches and rocks.
The glen is unaccommodating and without sweetness.
People are living in the glen.

The house

The house connects forest, meadow, hill and glen.
The house is modern, simple, bare, powerful.
The language of its architecture: contemporary.
Concrete, glass and wood speak for the present.
Granite, glass and wood speak for the farmhouse tradition.
Forest, meadow and hill are for contemplation.

The architecture

The architect only does what has to be done.
He raises the roof once again, creating the slightest separation between house and nature.
New concrete beams wrap around the house.
They mediate between wood and granite.
They support the house and make it habitable.
They make it contemporary.
Inside are the necessities:
oven, stove, table, beds and baths, pantry, books and an internet connection.
No design.
Everything is architecture.

The inhabitants

Thinkers temporarily inhabit the house and surrounding landscape.
In doing so, they ensure its preservation.

Die Geschichte weitererzählen

Das Haus wurde 1963 verlassen – und hat als Ruine überlebt.
Niemand benötigte es mehr, die Bewohner hatten sich ein neues Haus gebaut.
Kühe und Schafe, die auf der anliegenden Weide grasten, fanden dort Unterschlupf,
Pilze und Farne wucherten.
Nur die Hauswand des Wohnbereichs stand noch aufrecht und trug die Firstpfette.
Das Haus war dabei, sich aufzulösen.
Es wurde leicht und fragil, es war zwischen Natur und Kultur.
Es war mehr Erde und Wald als Architektur.
Es war dabei zu verschwinden.

Nur wenige alte Waidlerhäuser stehen noch.
Sie erzählen eine Geschichte, die weitererzählt werden muss:
Ohne das Geheimnis des Verfalls wegzurestaurieren,
schlägt der Architekt ein neues Kapitel auf.
Er erzählt die Geschichten des Haus am Schedlberg
mit neuen Worten und anderen Materialien.
Die bemoosten Granitbarren vor der Haustür waren Vorbild für die Betonbalken.
Dort, wo es nötig ist, sind sie in den Bestand geschoben.
So wird das verwitterte und morsche Holz von den kräftigen Balken gestützt.
Im Osten stürzen sie aufeinander zu, werden wieder frei,
türmen sich aufeinander, verrücken sich gegenseitig.
An der Nordseite scheinen sie sich aufzulösen und davonzufliegen.
Im Ineinander von Betonbalken und Ebenen wird das Haus zur Skulptur.
Alte und neue Fenster rahmen die Außenwelt zu Bildern.

Continue the narrative

The house was abandoned in 1963 – and survived as a ruin.
It was no longer needed; its former inhabitants had built a new home.
Cows and sheep, grazing on the adjacent meadow, found shelter there;
funguses and ferns sprawled.
The living area alone remained intact, its outer wall supporting the ridge beam.
The house was on the verge of collapse.
It became light, fragile, between nature and culture.
More soil and forest than architecture.
It was about to disappear.

Only a few old farmhouses still exist.
They tell a story that needs to be continued.
Without erasing the secret of their decay,
the architect opens a new chapter.
He tells the stories of the house on the Schedlberg
with new words and other materials.
The mossy granite slabs before the front door were abstracted into concrete beams.
They were inserted into the existing building where needed.
And so the weathered and rotten wood is supported by strong concrete.
On the east side, they collide and then separate, pile up, then rearrange.
On the north side, they seem to disperse and take to the air.
In the interplay of concrete beams and levels, the house becomes a sculpture.
Old and new windows frame the outside world like pictures.

Die Pacht

Der Eigentümer des Austragshauses ist der Bauer des benachbarten Hofs.
Er wollte die Ruine nicht verkaufen.
Er will nicht für immer Fremde als Nachbarn.
Er gab dem Architekten das Haus für dreißig Jahre zur Pacht und ließ ihm freie Hand.
Nach dreißig Jahren geht das Haus am Schedlberg zurück an die Familie des Bauern.
Mit Unterstützung und mit seinem eigenen Geld bezahlte der Architekt den Umbau.

Wenn Architektur kein Investitionsobjekt ist, dann hat sie für viele keine Bedeutung.
Der Aufwand ist hoch, der Profit gering.
Das Haus am Schedlberg wird Jahr für Jahr und
Tag für Tag wieder mehr zum Besitz des Bauern.
Es schreckt Investoren ab.
Es wird mit der Zeit nicht mehr Besitz, sondern weniger.
Deshalb ist das Haus nicht erbenfreundlich.
Stattdessen ist es Gegenwart.

Architektur für Denker

Jetzt ist das Haus am Schedlberg Denkarchitektur.
Die Besucher nutzen das Haus nicht ab, sondern laden es mit sich selbst auf.
Mit seinen Besuchern wird das Haus mehr wert.
In dreißig Jahren geschenkter Pacht verdient sich das Haus nun seinen Erhalt selbst.

The lease

The owner of the house, the farmer of the neighbouring farm,
did not want to sell the ruin.
He does not want to have strangers as neighbours forever.
He let the architect lease the building for thirty years,
giving him free reign to do with it as he pleases.
After thirty years, the House at Schedlberg will return to the farmer's family.
The architect paid for the restauration with the support of others and with his own money.
For many people, when architecture is not an object of investment, it holds little importance.
The effort is high, the profit low.
Year by year and day by day, the House at Schedlberg
becomes more and more the property of the farmer.
This drives off the investors.
It doesn't become their property more over time, but less.
That's why the house is not attractive as an inheritance.
Instead, it is entirely of the present.

Architecture for thinkers

Now the House at Schedlberg is architecture for thinking.
Visitors do not wear out the house, but enrich it with their presence.
The house increases in value through those who come and stay.
Over the thirty years of its lease, the house will now earn its own living.

Für Umbauten gibt es kein Einheitsrezept

Peter Haimerls Leidenschaft sind alte Häuser. Der Münchner Architekt ergreift gerne Eigeninitiative, um sie vor dem Abriss zu bewahren. Viele seiner Projekte sind Rettungsaktionen einer aussterbenden Bautradition. Inwiefern dabei die politischen Verhältnisse wichtig sind, erläutert der Architekt im Gespräch mit Sandra Hofmeister.

Hofmeister: Die Sanierung des Austragshauses am Schedlberg ist fertiggestellt, du hast sie als Eigeninitiative vorangetrieben. Wie kommt es zu deinem Engagement für eine abgelegene, verfallene Bauruine?

Haimerl: Ich habe beobachtet, dass seit meiner Kindheit fast alle schönen alten Häuser im Bayerischen Wald verschwinden. Mit diesen Häusern stirbt eine jahrhundertealte Bautradition und mit ihr die Aura der gesamten Region. So geht außerdem das Gespür für Bauqualität, für Raum und Ort verloren. Anfangs dachte ich, ich könnte die Leute gemeinsam mit Kollegen animieren, ihre Häuser wieder herzurichten. Das war jedoch ein Trugschluss. Die einzige Chance ist meiner Erfahrung nach, es selbst zu machen. Selbst zu kaufen und selbst zu sanieren.

Hofmeister: Ein Projekt wie dieses auf eigene Faust durchzuziehen, muss ein Abenteuer sein ...

Haimerl: Stimmt, deswegen hat es auch so viele Jahre gedauert. Gleichzeitig jedoch hatte ich viele Freiheiten. Ich konnte Ansätze entwickeln, die ansonsten kaum möglich gewesen wären.

Hofmeister: Das Haus war seit 1963 unbewohnt. Wie ist es zum Umbau gekommen?

Haimerl: Auf Nachfrage habe ich vom Landesamt für Denkmalpflege eine Liste mit Häusern im Bayerischen Wald erhalten, die zum Verkauf stehen, sich für den Umbau eignen und bereits zum Abriss freigegeben waren. Das alte Blockhaus am Schedlberg hat es mir sofort angetan: Der Ort am Waldrand ist wunderschön! Aber der Eigentümer des Austragshauses – es ist der Bauer des benachbarten Hofs – wollte die Ruine nicht verkaufen. Im Bayerischen Wald sind die Leute dazu nicht bereit, weil sie keinen Fremden auf ihrem Grundstück dulden. Letztlich haben wir uns geeinigt, dass ich das Austragshaus saniere und für 30 Jahre nutzen darf. Danach geht es wieder zurück an seinen Eigentümer.

Hofmeister: Die Bausubstanz war marode, das Dach seit vielen Jahren undicht. Was hast du genau vorgefunden?

Haimerl: Wahrscheinlich geht das Holzhaus mit gemauertem Stallteil auf das 18. Jahrhundert zurück. Es wurde mehrfach stark umgebaut. Der Schneebruch hat das Dach in den Siebzigern zerstört, deshalb war alles verschimmelt. Die Kühe und Schafe der angrenzenden Weide nutzten die Ruine lange als Stall. Eigentlich hatte man den Eindruck, dass das Haus nicht mehr zu retten war.

Hofmeister: Wie sehen der Finanzplan und das Nutzungskonzept für die Sanierung der maroden Bausubstanz aus?

Haimerl: Ich wollte mich anfangs mit anderen Architekten und Menschen, die das gleiche Interesse haben, nämlich Häuser zu retten, zusammenschließen. Ziel der neu gegründeten Firma Hauspaten Bayerwald war, mehrere Objekte gemeinsam zu erwerben, sie zu sanieren und gemeinsam zu nutzen. Leider hat sich aber herausgestellt, dass das Engagement generell nachlässt, wenn der Aufwand hoch ist und wenig Profit abfällt. Deshalb musste ich mein Konzept ändern. Das Haus am Schedlberg soll abseits vom Massentourismus wie ein temporäres Kunstwerk vermietet werden, sei es zum kurzzeitigen Wohnen oder längerfristig als Rückzugsort. Außerdem möchte ich dort die Schedlberg-Akademie ins Leben rufen – einen Ort für den Gedankenaustausch zwischen verschiedenen Disziplinen, auch zwischen Architekten und Bauherren.

Hofmeister: Der Bayerische Wald ist im Vergleich eine relativ

No Standard Recipes for Conversions

Old houses are Peter Haimerl's passion. The Munich-based architect likes acting on his own initiative to preserve them from demolition. Many of his projects are rescue operations in the service of a dying building tradition. To what extent political aspects are important is outlined by the architect in this interview with Sandra Hofmeister.

Hofmeister: The refurbishment of this farmer's retirement home on the Schedlberg hill is now complete. You pursued the project on your own initiative. What gave you the idea to save this remote, derelict structure?

Haimerl: Since my childhood, I have observed how almost all the lovely old houses in the Bavarian Forest are disappearing, and with them, a centuries-old building tradition and the ambience of the whole region – the sense of building quality, space and location. At first, I thought that my colleagues and I could inspire people to renovate their own homes. That proved to be a fallacy, though. In my experience, the only way is to do it yourself – to purchase the property and rehabilitate it.

Hofmeister: Isn't it rather adventurous to shoulder a project like this?

Haimerl: It is indeed. That's why it took so long. On the other hand, I had a great deal of freedom. I was able to develop concepts that would not have been possible otherwise.

Hofmeister: The house had been uninhabited since 1963. How did the conversion come about?

Haimerl: I applied to the Bavarian State Office for the Preservation of Historic Buildings and was given a list of houses in the Bavarian Forest that were up for sale and suited to conversion, yet which had already been freed for demolition.
The old log farmhouse on the Schedlberg immediately attracted me: the location on the edge of the forest is wonderful. But its owner – the farmer on the neighbouring farm – didn't want to sell the ruin. In the Bavarian Forest, people are not keen to do this because they're not prepared to tolerate strangers on their land. In the end, we came to an agreement: I would refurbish the building and could use it for 30 years. Afterwards, it would return to its owner.

Hofmeister: The building fabric was dilapidated. The roof had been leaking for many years. What did you encounter exactly?

Haimerl: The timber house with its masonry stable section probably dates back to the 18th century. It had undergone a number of extensive conversions. In the 1970s, snow damage had destroyed the roof, which was why everything had gone mouldy. For a long time, cows and sheep from the adjoining meadows used the ruin for shelter. In all honesty, one had the impression that the building was beyond repair.

Hofmeister: What was the financial plan and the user concept for the refurbishment of the ailing structure?

Haimerl: Initially, I wanted to join forces with other architects and people with a similar interest. The aim of the newly founded firm, Hauspaten Bayerwald, was to acquire a number of objects jointly, to rehabilitate them and to use them together. Unfortunately, involvement generally declines when the investment is great and there's little hope of profit. So I had to change my concept. The House at Schedlberg would not be a mere tourist attraction, but instead made available for rent out like a temporary work of art, either for short-term residence or as a long-term retreat. I also want to establish the Schedlberg Academy there, a place where different disciplines can exchange ideas, including architects and clients.

Hofmeister: The Bavarian Forest is a relatively poor region of Bavaria. What distinguishes the building culture there?

arme Region in Bayern. Was zeichnet ihre Baukultur aus?

Haimerl: Die traditionellen Blockhäuser im Bayerischen Wald sind handwerklich sehr hochwertig. Das zeigt sich schon an der Ausarbeitung der Eckverbindungen. Als ich mich länger mit dieser Bautradition beschäftigt habe, ist mir aufgefallen, dass sich die Häuser oft nur wenig von der Natur distanzieren. Man kann an ihnen ablesen, wie dünn die Schicht zwischen Natur und Kultur ist. Mal ist gleich neben den Häusern ein Steinbruch, und mal wurden herumliegende Felsen für das Mauerwerk oder die Türstöcke verwendet. Am Schedlberg sind sie aus Granit, der direkt aus dem Wald neben dem Haus kommt, ebenso wie die Baumstämme der gezimmerten Holzwände. Häuser wie das am Schedlberg sind mit der Natur verbunden, sie stehen zwischen Wald und Wiese, sie vermitteln zwischen Natur und Kultur.

Hofmeister: Es gibt bei Projekten wie diesem oder der neuen Ortsmitte Blaibach auch eine politische Dimension. Wie gehst du damit um?

Haimerl: Das politische Umfeld ist enorm wichtig. Die Frage, wie liberal und aufgeschlossen eine Gesellschaft ist, zeigt sich in kleinen Dörfern und ihren Gemeinderäten, aber auch in Regierungsämtern. Als Architekt braucht man überall Leute, die Verständnis haben und sich engagieren. Sie müssen bereit sein, ein gewisses Risiko zu übernehmen, sonst kann keine gute Architektur entstehen. Wir hatten Glück und haben mit dem Landesamt für Denkmalpflege sowohl für den Schedlberg als auch für Blaibach einen Verbündeten gefunden. Sie haben uns bestärkt, eine Art Mustersanierung voranzutreiben – mit Beton, was man nicht unbedingt erwartet im Zusammenhang mit der Denkmalpflege. Die Möglichkeit, mit neuen Ansätzen auch eine neue Akzeptanz in der Bevölkerung zu schaffen, war entscheidend.

Hofmeister: In Blaibach hat sich der verlassene Dorfkern in einen lebendigen Ort verwandelt – mit Bürgerhaus, Konzerthalle und saniertem, typischem Bauernhof, dem Waidlerhaus. Für viele Gemeinden ist Blaibach heute ein Vorbild. Hat Architektur die Kraft, ihnen eine neue Identität zu geben?

Haimerl: Wir hatten nicht im Sinn, eine Art Stadtmarketing zu betreiben. Wir wollten einfach gute Player suchen, auch Unternehmen, die etwas Sinnvolles aufbauen und einen kulturellen Mehrwert schaffen wollen. Die Offenheit, etwas auf die Beine zu stellen, war in Blaibach von Anfang an da. Einzelne Leute haben sich in Gemeinderatssitzungen und Dorfversammlungen vehement eingesetzt. Das war ein Zeichen für mich, dass es sich lohnt, auch wenn es bei der Umsetzung manche Widerstände gab. Gemeinsam haben wir das Nutzungskonzept für ein Konzerthaus entwickelt.

Hofmeister: Mittlerweile berätst du mehrere Gemeinden im ländlichen Raum. Welche Erfahrungen machst du dabei?

Haimerl: Das ist oft sehr frustrierend … (lacht). Vor allem, wenn man auf Bürgermeister trifft, die nicht erkennen, dass das, was den Ort voranbringt, auch ihre Karriere beflügelt. In meinen Augen ist es wichtig, dass in solchen Situationen Anknüpfungspunkte gefunden werden, die zwischen der Kulturtradition und den aktuellen Bedürfnissen vermitteln. Außerdem müssen wir das herkömmliche Verständnis von Kultur auf dem Land überwinden. Die Bürger müssen verstehen, dass es mehr geben kann als Trachten- und Schützenvereine. Ich versuche, mich aus dem politischen Gerangel herauszuhalten, möglichst viel historische Bausubstanz zu erhalten und mit zeitgenössischer Architektur zu ergänzen, um dabei zu helfen, dass Orte wiederbelebt werden. Die entscheidende Frage ist, ob die Gemeinde mitmacht – und meine Erfahrungen auf diesem Feld sind sehr unterschiedlich.

Hofmeister: Eine weitere Initiative, die du mit deinem Architekturbüro gegründet hast, nennt sich Heimatloft. Worum geht es dabei?

interpretieren. So haben wir das Konzept entwickelt, etwas Neues in die alte Struktur einzufügen, nämlich eine Schicht aus Dämmbeton.

Hofmeister: In vielen deiner Sanierungsprojekte setzt du Beton ein – auch am Schedlberg. Was hat es damit auf sich, könnte man nicht auch an die Holztradition anknüpfen?

Haimerl: Die ideologische Überfrachtung von Holz ist nicht die Lösung aller Probleme. Ich finde Holz in seiner Anwendung eher undifferenziert. Vor allem kann man es heutzutage nicht mehr lässig verarbeiten. An Beton schätze ich, dass er kaum bearbeitet werden muss. Außerdem fügt er sich gut in den Bestand, weil die Häuser im Bayerischen Wald immer eine Art Flickwerk waren. Vieles entstand eher zufällig, und das ist eigentlich genau das, was auch Beton auszeichnet. Bei der Planung muss man weniger detaillieren, beim Bau kann man damit rechnen, dass aus dem Prozess heraus angemessene Oberflächen entstehen. Beton braucht wenig Nachbearbeitung. Genau in diesem „gut genug" steckt meiner Meinung nach auch sein Reiz.

Hofmeister: Du arbeitest derzeit an mehreren Revitalisierungsprojekten im ländlichen Raum, unter anderem an einem stillgelegten Freibad in Brand in der Oberpfalz. Welches Potenzial steckt in Aufgaben wie diesen?

Haimerl: Auf dem Land gibt es sehr viele Brachflächen – ähnlich wie früher auch in Großstädten, wo sie für Kultur und Kunst aller Art genutzt wurden. Die Freibäder in ländlichen Gemeinden stammen meist aus den Sechziger- und Siebzigerjahren. Sie haben oft eine minimalistische Ästhetik, die ich interessant finde. Heute sind viele von ihnen verwildert. Wie aber schafft man es, solche Freibäder wieder zu einem lebendigen Ort zu machen, vielleicht sogar mit einer neuen Nutzung wie Wohnen und Arbeiten im Park? Wir reißen heute vieles nieder, um es dann in Disney-Manier wieder aufzubauen, statt den Bestand umzuinterpretieren. Das ist ungeschickt. Wir haben generell ein viel zu geringes Sensorium für Sanierungsaufgaben.

Hofmeister: Dann bräuchten wir mehr Lehrstühle, die sich mit dem Thema Sanierung beschäftigen?

Haimerl: Oder andere Lehrer.

communities have to redefine their role in this development process and find a new identity. It must be just as attractive again to live in the country as in the city.

Hofmeister: The urban dimension that you address also has to be linked with user concepts, though. Is that generally a pointer for communities in the country?

Haimerl: That's a good question. It focuses on a decisive aspect, I think. For a long time, I've observed how modern urban planning takes place on the drawing board. There are rules that have to be followed, clients and investors. The actual users, however, are consulted only right at the end. In this melange, it is not really possible to comprehend urban space as part of a larger whole.

Hofmeister: What role does the existing fabric play for new user concepts in general?

Haimerl: For me, the existing fabric is important because we have no strategic alternative to present forms of urban planning. If we knew how we wished to practise it in the future, and if we had anything like a clear concept of how we should construct fine houses and other dwellings, it would be possible to build upon this. But the sole point of reference I see in Europe at present is history. A lot of places today are more than 500 years old, and they have survived so long because they were properly conceived in their core. They have a structure that has endured over the centuries. It is wise to latch on to this and to extend it. Only in this way can quality and identity come about.

Hofmeister: In the architecture of past decades, identity is often equated with iconic forms and extravagant gestures. Is that an option?

Haimerl: We have come to see that crazy architectural forms alone are not enough. If you work with old buildings, you must analyse them closely. It's often extremely complicated to recognize the qualities they possess, to discover their secrets and explore their cultural background. There's no standard recipe for conversions, and as a rule, they are not grand designs. One is usually concerned with many smaller layers – history, philosophy and other processes – and that makes it extremely difficult to deal with the existing fabric.

Hofmeister: One of your first refurbishment projects was "Birg mich Cilli", an old farmhouse in the Bavarian Forest that you renovated together with your wife, Jutta Görlich. To what extent was the history of this house important?

Haimerl: Old houses like this have a special charisma. When this structure became our own abode, we asked ourselves how we could handle the existing building and extend its character without making a museum out of it. It took a long time to find the right approach. Then Jutta Görlich came up with the name "Harbour Me Celia" after the last farming woman who had lived in it. The retention of the existing fabric became a precept. We didn't want to eradicate or reshape the substance, but to reinterpret it. So we developed the concept of inserting something new in the old structure, namely a layer of insulating concrete.

Hofmeister: You use concrete in a lot of your renovation projects – at Schedlberg as well. What's so special about it? Couldn't you have tied in more to the timber tradition?

Haimerl: Ideologically overloading a building with timber is not the answer to the problem. I find it rather commonplace in its use. Above all, it's no longer possible to work timber so effortlessly. What I like about concrete is that it's scarcely necessary to work it at all, and it fits well into the existing structure, because houses in the Bavarian Forest were always a kind of patchwork. Many things came about by chance, and that's what really distinguishes concrete. Less detailing is necessary, and you can count on acceptable surfaces resulting from the

Haimerl: Im Prinzip ist das eine erweiterte städtebauliche Beratung. Wir zeichnen dabei jedoch keine Pläne, weder für Parks noch für Stellplätze oder Ärztehäuser. Mit Heimatloft vermitteln wir ganz konkret Objekte, wir bringen Leute zusammen, unterstützen den Verkauf und sorgen dafür, dass die Sanierung mit Qualität umgesetzt wird. Seit über zehn Jahren blicken wir nur auf die Großstädte. Was jedoch im Gegenzug auf dem Land passiert, interessiert nur wenige. Dabei müssen die Gemeinden auf dem Land in diesem Entwicklungsprozess ihre Rolle neu definieren und eine neue Identität finden. Es muss wieder genauso viel Spaß machen, auf dem Land zu wohnen wie in der Großstadt.

Hofmeister: Die stadträumliche Dimension, die du ansprichst, muss aber auch mit Nutzungskonzepten verbunden sein. Ist das generell ein Schlüssel für Gemeinden auf dem Land?

Haimerl: Das ist eine gute Frage, sie spricht, denke ich, den entscheidenden Punkt an. Ich beobachte schon lange, dass Stadtplanung heutzutage auf dem Reißbrett stattfindet. Da gibt es Regeln, Bauträger und Investoren. Die Nutzer jedoch werden erst ganz zum Schluss gefragt. In dieser Gemengelage ist es eigentlich nicht möglich, den Stadtraum als Teil eines größeren Ganzen zu verstehen.

Hofmeister: Welche Rolle hat der Bestand für neue Nutzungskonzepte?

Haimerl: Für mich ist der Bestand deswegen wichtig, weil wir keine strategische Alternative zum gegenwärtigen Städtebau haben. Wenn wir wüssten, wie wir in Zukunft Städtebau betreiben wollen, wenn wir auch nur annähernd eine klare Vorstellung hätten, wie wir schöne Häuser oder Wohnungen bauen sollen, dann könnte man darauf aufbauen. Aber der einzige Anknüpfungspunkt, den ich derzeit in Europa sehe, ist die Geschichte. Viele Orte sind heute älter als 500 Jahre und haben so lange überlebt, weil sie im Kern richtig konzipiert sind. Sie haben eine Struktur, die sich über die Jahrhunderte erhalten hat. Es ist klug, daran anzuknüpfen und weiterzubauen, Lücken zu schließen und Variationen in den Bestand einzufügen. Nur so kann Qualität und Identität entstehen.

Hofmeister: Identität wurde in der Architektur der letzten Jahrzehnte oft mit ikonischer Architektur und extravaganten Gesten gleichgesetzt. Ist das eine Option?

Haimerl: Mittlerweile merken wir, dass verrückte architektonische Formen alleine nicht reichen. Das heißt aber nicht, dass sie nicht auch eine gute Möglichkeit sein können. Wer sich mit alten Häusern beschäftigt, muss sie genau analysieren und sich im Detail mit ihnen beschäftigen. Es ist oft sehr kompliziert, die Qualitäten in diesen Häusern zu erkennen, ihre Geheimnisse zu entdecken und ihren kulturellen Hintergrund zu erkunden. Für Umbauten gibt es kein Einheitsrezept, und in der Regel sind sie auch kein großer Entwurf. Es geht vielmehr um viele kleine Ebenen der Gestaltung. Es geht um Geschichte, Philosophie und um Prozesse. Das macht es sehr unbequem, mit dem Bestand umzugehen.

Hofmeister: Eines deiner ersten Sanierungsprojekte war „Birg mich Cilli" – ein altes Bauernhaus im Bayerischen Wald, das du zusammen mit deiner Frau Jutta Görlich hergerichtet hast. Inwiefern war die Geschichte des Hauses wichtig?

Haimerl: Alte Häuser wie dieses haben eine spezielle Ausstrahlung. Als dieses Haus unser eigenes Domizil wurde, haben wir uns gefragt, wie wir mit dem Bestand umgehen und seinen Charakter weiterführen können, ohne ein Museum daraus zu machen. Es hat lange gedauert, den richtigen Ansatz zu finden. Dann hat Jutta Görlich das Projekt „Birg mich Cilli" genannt – nach dem Namen der letzten Bäuerin, die darin gewohnt hat. Die Erhaltung des Bestandes wurde zur Maxime. Wir wollten die Substanz nicht ausradieren oder überformen, sondern neu

Haimerl: The traditional log farmhouses in the Bavarian Forest exhibit a high degree of craftsmanship. That is immediately evident in the sophisticated corner joints. After studying this building tradition for some time, I came to recognize how close these houses are to nature. You can see in them how permeable the boundary is between nature and culture. Sometimes there's a quarry right next to the buildings, and in some cases rocks scattered about in the area were used for the masonry or the door surrounds. On the Schedlberg, these are constructed in granite sourced from the forest next to the house, just like the tree trunks used for the timber walls. Houses like the one on Schedlberg are united with nature. They stand between forest and meadow and form a link between nature and culture.

Hofmeister: There's a political dimension to projects of this kind, too, as there is to the new community centre in Blaibach.

Haimerl: The political context is enormously important. Just how liberal and open-minded a society is can be seen not only in government offices, but in small villages and their local councils. As an architect, you always need people who are understanding and engaged. They must be prepared to take a certain risk, otherwise it's not possible to create good architecture. We were fortunate and found in the State Office for the Preservation of Historic Buildings an ally for Schedlberg and Blaibach. They encouraged us to pursue a kind of model refurbishment – using concrete, which is not what one would necessarily expect in the context of conservation. Finding acceptance in the population with new approaches was decisive.

Hofmeister: In Blaibach, the deserted heart of the village has been transformed into a vibrant location with a community centre, a concert hall and a typical farmhouse (Waidlerhaus) that has been rehabilitated. Today, Blaibach is a model for many communities. Can architecture lend them a new identity?

Haimerl: It wasn't our intention to launch an image campaign for the village. We were simply looking for good partners, including firms, to build something meaningful and culturally valuable. In Blaibach, we found people who vehemently supported this in council meetings and village assemblies. We jointly developed a user concept for the concert hall.

Hofmeister: You have since advised a number of rural municipalities. What have you learned from these experiences?

Haimerl: That it's often very frustrating (laughs), above all when you encounter mayors who don't recognize that things which promote the location also further their own careers. To my mind, it's important that in situations like this, links are established between the cultural tradition and actual needs. What's more, people have to understand that there can be more to culture in rural areas than just traditional costumes and rifle associations. I try to avoid political disputes, to retain as much historical building fabric as possible and to supplement this with modern architecture to rejuvenate a location. The decisive factor is whether the municipality is willing to play along, and my experience in this field is very mixed.

Hofmeister: A further initiative that you founded with your architectural office is called Heimatloft. What is that concerned with?

Haimerl: In principle, it's an extended form of urban-planning guidance. We don't draw plans, though – not for parks nor parking spaces nor medical-care centres. Through Heimatloft, we mediate objects in a tangible form. We bring people together, we support sales and try to make sure that rehabilitation schemes are implemented with a high degree of quality. For over a decade, the focus has been on cities. What happens in the countryside, on the other hand, interests very few people. Rural

construction process. Concrete requires less subsequent reworking. In my opinion, it's precisely in this "good enough" quality that its attraction lies.

Hofmeister: At present, you are working on a number of revitalization projects in rural areas, including a disused open-air swimming pool in Brand in the region of Oberpfalz (Upper Palatinate). What is the potential of projects of this kind?

Haimerl: There is a lot of wasteland in the countryside – comparable to abandoned urban sites that were once re-purposed for all sorts cultural and arts projects. The open-air swimming pools found in rural areas date largely from the 1960s and '70s. In many cases, they have a minimalist aesthetic, which I find interesting. Nowadays, a lot of them have fallen into disuse and disrepair. But how can you make baths of this kind dynamic locations again, maybe with new functions like housing and work in park-like surroundings? We pull many things down today, only to redevelop the sites in Disney-like manner, instead of reinterpreting the buildings at hand. That's a bit inept. On the whole, we have far too little sensitivity for rehabilitation.

Hofmeister: Does that mean we need more professors addressing that issue?

Haimerl: Or different teachers.

Edward Beierle und Jutta Görlich durchstreifen den Schedlberg.
In den Ruinen des Hauses erkunden die Künstler das raue Leben, wie es früher war.
Der Wald und die Wiese prägten die karge Welt.
Das Haus und die zurückgelassenen Dinge erzählen von einem vergessenen Alltag.
Auf dem Hügel neben dem Haus war früher eine Skischanze.
Die besten Springer des Bayerischen Waldes trainierten hier bis in die Siebzigerjahre.

Schichten der Vergangenheit umborden die Gegenwart.
Sie verdichten sich in Geschichten.
Die Geschichten werden zu Bildern.

Edward Beierle and Jutta Görlich roam the Schedlberg.
In the ruins of the house the artists explore the rough conditions of life, as it used to be.
The forest and meadow shaped the barren world.
The house and its relics tell of a forgotten everyday life.
There was once a ski jump on the hill by the house.
The best jumpers of the Bavarian Forest trained here until the seventies.

Layers of the past wrap around the present.
They condense into stories.
The stories become pictures.

Das Haus ist mehr als sein Ort

Peter Haimerl arbeitet bei der Sanierung verlassener und vergessener Gebäude eng mit der Künstlerin Jutta Görlich und dem Fotografen Edward Beierle zusammen. Die beiden begleiten den architektonischen Prozess bereits vor Baubeginn mit inszenatorischen Interventionen. Sie sammeln mündlich überlieferte Anekdoten rund um ein Haus und versuchen so, die Geschichte eines Ortes und seiner Bewohner zurück ins Bewusstsein zu holen. Die daraus entstehenden Fotoserien von beierle. goerlich spiegeln den Vorgang der Sanierung und beeinflussen ihn damit. Im Gespräch mit Moritz Holfelder erläutern der Architekt und das Künstlerduo ihre Zusammenarbeit.

Holfelder: Als erstes möchte ich wissen, woher der Name Schedlberg kommt. Weiß man das?

Haimerl: Ja, dieser Ort heißt eigentlich Schedlhof – man vermutet, dass dort die erste Gerichtsbarkeit der Gegend angesiedelt war, dass dort also Gericht gehalten wurde. Vielleicht gab es auch eine Hinrichtungsstätte. Der aktuelle Flurname ist auf jeden Fall immer noch Schedlberg.

Holfelder: Und das alte Wort Schedl – bezieht sich das auf den menschlichen Schädel?

Haimerl: Ja, vergleichbar dem englischen Begriff „skull" (Totenschädel).

Holfelder: Die Idee, aus dem Schedlhof jetzt ein Denkhaus zu machen, klingt so folgerichtig wie bizarr, denn das Denken passiert ja im Schädel ... wenn auch im lebendigen.

Haimerl: Genau. Ich finde diese Wortkombination von Kopf und Berg toll, Schedlberg, dieses Wort hat etwas Gewichtiges, das hat für mich eben etwas mit Philosophie und Denken zu tun.

Holfelder: Viele Philosophen haben die Abgeschiedenheit eines Ortes bevorzugt, um zu denken. Oft sind sie auch auf einen Berg gestiegen.
Jutta und Edward, wie war euer Eindruck, als ihr das erste Mal dieses Haus gesehen habt, also noch in einem Zustand des Verfalls, als eine Art Ruine?

Görlich: Also, dieses Haus war in einem dermaßen desolaten Zustand, dass jeder Laie bei seinem Anblick die Flucht ergriffen hätte. Die Böden waren voller Kuhscheiße, die Wände eingedrückt. Es wirkte so fragil, dass man dachte, das würde den nächsten Winter nicht überstehen. Aber Stück für Stück konnte man Elemente entdecken, die es Wert waren, sie zu erhalten, auch, weil vieles eben so schön und gleichzeitig gefährdet erschien.

Holfelder: Das klingt nach einem archäologischen Vorgehen. Edward, wie war das bei dir, wann warst du das erste Mal dort?

Beierle: Ich glaube, das war 2013. Ich habe den Schedlberg ein bisschen später gesehen als die beiden anderen. Da ist am Dach schon etwas repariert gewesen. Und es gab Planen, die bestimmte Bereiche geschützt haben. Aber es wirkte noch sehr fragmentarisch – und drinnen war es tatsächlich so, dass der Boden nicht sichtbar war von dem ganzen Schutt, der herumlag. Als archäologisch würde ich unser Vorgehen jetzt nicht unbedingt bezeichnen, weil die fotografische Herangehensweise ja eher aus dem Sammeln von Eindrücken besteht, die man hat, naja, andererseits ist das dann vielleicht doch archäologisch.

Holfelder: Wenn Archäologen etwas ausgraben, fotografieren sie ja auch den sich verändernden Zustand der Dinge, die sie aus der Erde holen und freilegen.

Beierle: Wobei der Unterschied natürlich ist, dass wir keinen wissenschaftlichen Anspruch haben. Sondern versuchen, über die Geschichte des Ortes einen emotionalen Zugang zu einem Gebäude zu finden. Wir lassen uns von der Architektur und der Umgebung ansprechen und fotografieren die Dinge so, dass sie unsere Gefühle ausdrücken.

Görlich: Ich denke, dass wir beide mit den Fotos den Ort poetisch rekonstruieren – und der Haimerl macht das architektonisch-poetisch.

The House is More Than a Place

Peter Haimerl works closely with the artist Jutta Görlich and the photographer Edward Beierle on the renovation of abandoned and forgotten buildings. With their staged interventions, the creative duo accompany the architectural process even before construction begins. They collect oral anecdotes about the house and try to bring the history of a place and its inhabitants back into consciousness. The resulting photo series by beierle.goerlich reflect the renovation process, thereby influencing it. In this interview with Moritz Holfelder, the architect and the artists explain their collaboration.

Holfelder: First, I would like to know where the name "Schedlberg" comes from. Does anyone know?

Haimerl: Yes, the place is actually called "Schedlhof" (lit. "head farm") – it is thought that the area's earliest court of law resided here, so this is where court was held. Possibly there was also a place of execution. This specific area, in any case, is still known as Schedlberg (lit. "head mountain").

Holfelder: And the archaic word "Schedl"? Does it refer to the human skull?

Haimerl: Yes, it's a regional variation of the term for "skull".

Holfelder: The idea of turning the Schedlhof into a "Denkhaus" ("house for thinkers") now seems as logical as it is bizarre, because thinking takes place in the skull – albeit in a live one.

Haimerl: Exactly. I think this combination of the words "head" and "mountain" is great. "Schedlberg" – it feels substantial, like something to do with philosophy and thinking.

Holfelder: Many philosophers liked to be in a secluded place to think. Often they climbed a mountain to do so. Jutta and Edward, what was your impression when you saw this place for the first time, in a state of decay and somewhat like a ruin?

Görlich: Well, the house was in such a desolate state that any layman would have run away at the sight of it. The floors were full of cow dung, the walls collapsed. It felt so fragile that it didn't seem like it could survive the next winter. But bit by bit, we discovered elements that were worth preserving, also because much seemed both beautiful and endangered at the same time.

Holfelder: That sounds like an archaeological approach. Edward, when were you actually there for the first time?

Beierle: I think in 2013. I first saw Schedlberg a little later than the other two. Something in the roof had already been repaired. And there were tarps that protected certain areas. But it still seemed very fragmentary – and inside, the floor was in fact not visible due to all the debris lying around. I wouldn't necessarily describe our approach as archaeological, because the photographic approach consists more of collecting impressions you have, but well, maybe that is archaeological after all then.

Holfelder: When archaeologists dig, they also photograph the changing state of things they produce from the ground and reveal.

Beierle: The difference being, of course, that we have no scientific aim, but try to find an emotional approach to a building through the history of its place. We open ourselves to the architecture and its surroundings and take pictures in such a way that they express our feelings.

Görlich: I think that the two of us poetically reconstruct the place with our pictures – and Haimerl does so in an architectural-poetical way.

Holfelder: The description text for the house states that it is more than a place. What do you mean by that?

Haimerl: A house is always more than a place, I mean, the word house itself has something to do with the idea of home, with making a home. People used to live there – and of course they

Holfelder: Im Begleittext steht, das Haus sei mehr als ein Ort. Wie ist das gemeint?

Haimerl: Ein Haus ist immer mehr als ein Ort, also, allein der Begriff Haus hat ja auch etwas mit Heimat zu tun, mit be-heimaten. Da haben Menschen gelebt – und die sind natürlich nicht nur der Ort, sondern die haben sich bewegt, äußerlich wie innerlich, die haben den Ort gestaltet, die haben ihn beeinflusst und auch Einflüsse von außen aufgenommen. Die haben geheiratet und Kinder bekommen. Sind dort irgendwann gestorben. Das heißt, wenn man so ein Haus betrachtet, muss man immer auch sehen, wie dieser Ort entstanden ist, wie sich das Haus verändert hat und durch Menschen geprägt wurde.

Holfelder: Du hast dieses Haus jetzt rekonstruiert, also im Sinne einer Geschichte, die sich fortsetzt. Entscheidend dabei: Du hast das Haus nur soweit saniert, dass es nicht in sich zusammenfällt und als Ort mit einer speziellen Geschichte wieder genutzt werden kann.

Haimerl: Ja, genau. Ich versuche, immer so viel wie möglich von der Bausubstanz zu erhalten. Mir geht es um eine Essenz von Geschichte, man soll noch spüren, was die früheren Bewohner da hinterlassen haben, unter Einbeziehung der Veränderungen, die ganz natürlich stattfinden. Das versuche ich architektonisch deutlich zu machen, da geht es dann um Denkansätze, die früher gar nicht möglich gewesen wären, und das auf den alten Fußböden und zwischen den erneuerten Wänden.

Holfelder: Und ihr, Jutta und Edward, forscht dann mit den Fotos den früheren Bewohnern nach?

Görlich: Zuerst sammeln wir Geschichten. Also, zum Schedlberg gibt es viele Geschichten, wie zum Beispiel die, dass hier einmal die einzige Skisprungschanze im Bayerischen Wald war, oder dass einer der letzten Bewohner im Wirtshaus die Zeche nicht zahlen konnte und seine Schuld dann mit einem Sattel beglichen hat – und diese Geschichten übertragen wir in Bilder.

Holfelder: Entwerft ihr, wenn ihr solche Geschichten sammelt, dann zusammen ein konkretes Konzept – oder stellt ihr solche Anekdoten vor Ort eher intuitiv nach?

Beierle: Es gibt da keine echte Aufgabenteilung, sondern wir machen mehr oder weniger parallel dasselbe – die Jutta vor der Kamera und ich hinter der Kamera. Sie hat vorher meist schon eine Idee dazu, wie das Bild aussehen soll, und ich muss ihr auch nicht sagen, wie sie sich im Raum zu bewegen hat. Das passiert praktisch im stillen Einverständnis. Wir spüren sehr schnell, wie etwas funktionieren kann – und deswegen gibt es da auch keine konkrete Teilung der Aufgaben. Die Bilder entstehen ganz spontan. Es ist ein offenes Improvisieren im Umgang mit dem Raum, das heißt, die Fotos ergeben sich tatsächlich durch die Auseinandersetzung mit dem Ort.

Görlich: ... und durch die Auseinandersetzung mit den Geschichten.

Holfelder: Wenn man dich, Jutta, zum Beispiel auf einem Foto draußen im Wald vor dem Haus auf zwei Holzbrettern stehen sieht, dort, wo vielleicht einmal diese Skisprungschanze war, da braucht man ja zwei Bretter dazu. Müsst ihr die nicht vorher besorgen?

Görlich: Nein, die liegen da einfach rum.

Holfelder: Also ihr nehmt nur Dinge, die vor Ort sind?

Görlich: Ja, wir bringen nichts mit. Es ist alles da. Wir agieren mit dem Ort und den Dingen, die wir finden.

Holfelder: Edward, wie ist es für dich als Fotograf? Ich stelle mir vor, dass du visuell fasziniert bist von den sehr grafischen Elementen dieser Architektur. Da ist dieses alte verwitterte Holz, das jetzt von den modernen Betonbarren umfangen, gestützt und ergänzt wird. Das sind ja unglaublich fotogene Oberflächen, sehr unterschiedlich und reizvoll. Aber du konzentrierst dich ja auf die fotografische Intervention. Wie bringst du das zusammen – ein Mensch in dem alten Haus, in diesem Fall Jutta als die Figur der schwarzen Frau, und dazu dieser starke architektonische Ausdruck?

were not just the place, they were in motion, both externally and internally, they shaped the place, influenced it and also took influences up from outside. They got married and had children. And died there at some point. This means, when you look at such a house, you always have to keep in mind how this place first came into existence, how the house has changed and how it was shaped by people.

Holfelder: You have reconstructed this house now, in the sense of a story that continues. Crucially, you renovated the house only to such a degree that it won't collapse and that, as a place with a special history, it can be used again.

Haimerl: Yes, exactly. I always try to save as much of the fabric as possible. I am concerned with the essence of history, I want what the former inhabitants left behind to be perceptible, taking into account the changes that take place naturally. I try to emphasize this architecturally on the old floors and between the renewed walls. It's about intellectual approaches that wouldn't have been possible in earlier times.

Holfelder: And you, Jutta and Edward, you then investigate the former inhabitants with your pictures?

Görlich: First we collect stories. There are many stories about Schedlberg, one of them being that this used to be the only ski jump in the Bavarian Forest, or that one of the last inhabitants couldn't foot his bill at the tavern and paid up with a saddle instead – and we translate these stories into pictures.

Holfelder: When you collect such stories, do you come up with a specific concept together – or do you tend to reenact such anecdotes more intuitively on-site?

Beierle: We don't really have a division of tasks, but rather we do more or less the same thing at the same time – Jutta in front of the camera and me behind the camera. She usually already has an idea about what she wants the picture to look like, and I also don't have tell her how to move on-site. It's practically implicit. We sense very quickly if something will work – and that is why there isn't a specific division of tasks. The images are created spontaneously. It's an open improvisation in exploring the space. So the pictures do in fact result from our reflection of the place.

Görlich: And from our reflection of the stories.

Holfelder: If we see you, Jutta, in a picture, for example standing on two wooden slats outside in the forest in front of the house where the ski jump might have been, you need those two wooden slats. Don't you have to get those somewhere first?

Görlich: No, we just found them lying around there.

Holfelder: So you only use things that are on-site?

Görlich: Yes, we bring nothing. It's all there. We interact with the place and the things we find.

Holfelder: Edward, how is it for you as a photographer? I imagine you must be visually fascinated by the very graphic elements of the architecture. There is this old weathered wood, which is now enveloped, supported and supplemented by modern concrete beams. These are unbelievably photogenic surfaces, very different and appealing. But you concentrate on the photographic intervention. How do you bring that together – a person in the old house, in this case Jutta as the character of the woman in black, and in addition this strong architectural expression?

Beierle: Well, we are on-site very early on. Long before everything is done, we build an emotional relationship with the building. This goes on for several years, as we visit such a house again and again and observe the different transformations. When the building is complete, as a photographer, I see these graphic elements – the modern, bare concrete beams contrasting with the old wood, these are things that work anyway. But in fact, my approach is an emotional one.

Beierle: Naja, wir sind ja schon sehr früh vor Ort. Lange bevor alles fertig ist, bauen wir eine emotionale Beziehung zu dem Gebäude auf. Das geht über mehrere Jahre, indem wir so ein Haus immer wieder besuchen und die verschiedenen Transformationen mitbekommen. Wenn das Gebäude fertig ist, sehe ich als Fotograf natürlich diese grafischen Elemente – die modernen nackten Betonbarren im Kontrast zu dem alten Holz, das sind Sachen, die funktionieren sowieso. Aber tatsächlich ist der Zugang ein emotionaler. Es ist, als würde man einen Patienten sehen, dem geholfen wird, und man erlebt ihn sozusagen in einem neuen Licht. Man freut sich für das Haus, dass es jetzt eben so aussieht, wie es dasteht.

Holfelder: Was lernt man als Architekt durch die fotografischen Inszenierungen? Peter, gibt es da etwas, was dich neu und ganz anders auf dieses Gebäude blicken lässt?

Haimerl: Ja, auf jeden Fall – diese Inszenierungen bringen neben der Betonung der Geschichte des Hauses manchmal etwas sehr Humorvolles mit. Da kann plötzlich etwas Leichtes, Schwebendes entstehen. Man lernt, dass man Architektur in ihrer Festigkeit nicht allzu todernst nehmen darf, sondern dass sich in einem alten Haus eben auch das wahre Leben spiegeln soll, in all seinen Facetten.

Görlich: Architektur ist eben nicht nur formal und grafisch – sie besteht aus mehr als nur aus diesem Raster von Vertikalen und Horizontalen, aus Licht und Schatten, Merkmale, auf die wir Architektur gerne reduzieren.

Haimerl: Genau! Wenn diese Fotos zu einem Teil der Architektur werden, verschiebt sich die Wahrnehmung. Dann begreift man als Architekt, dass man formal auch ein paar Fehler zulassen können muss oder sogar welche einbaut in so ein Haus, weil gewisse architektonische Unregelmäßigkeiten genau diesen Erzählungen rund um ein Gebäude entsprechen. Es ist ja so: Man erinnert sich eher an Geschichten, die Brüche oder Webfehler haben. Wenn ein Gewebe überall gleich ist, wird es als monoton empfunden. Mich interessiert mehr das Ungleichmäßige. Das Raue. Das ist die Grundhaltung, die ich habe.

Holfelder: Also bevorzugst du auch eine Definition von Architektur, die weit über das rein Architektonische hinausgeht?

Haimerl: Ja, das befreit richtiggehend. Normalerweise bezieht sich Architektur sehr stark auf sich selbst, auf die baulichen Strukturen, derer wir uns natürlich bewusst sind und die wir auch einsetzen, das will ich gar nicht verneinen, aber im Endeffekt entwickelt sich der ganze architektonische Prozess, so wie wir das machen, zu einer offenen Herangehensweise, eben auch zu einer Geschichte mit vielen Details aus der Vergangenheit, im Grunde genommen zu einer baulichen Wiedererweckung, bei der auch hintergründige Formen von Humor eine Rolle spielen.

Holfelder: Wenn man das jetzt als einen Dreiklang begreift, also die Geschichte des Hauses, das Haus selbst und dazu eure Fotos – inwieweit geht dieser Dreiklang dann in die Architektur ein? Sind die Fotos später auch im Haus selbst zu sehen? Wie begleitet dieses inszenatorische Element, das bei euch zum Bauen dazugehört, die Architektur im Alltag?

Görlich: Wir zeigen die Fotos gar nicht in den Häusern, sondern die werden zu einem Teil der Erzählungen über das Haus. Wenn diese Gebäude vorgestellt werden, dann ergänzen die Inszenierungen mit der schwarzen Frau, die als eine Art Raumverstärker arbeitet, die Präsentation. Sie sind ein lebendiger Teil der Architekturvermittlung – und du, Haimerl, nimmst sie ja auch in deine Vorträge mit und erzählst von diesen Geschichten in den Fotos.

Haimerl: Man schaut anders auf ein Haus, wenn man auch seine Aura und das Drumherum sichtbar macht. Es geht um immaterielle unsichtbare Räume, die zur Architektur dazugehören, und natürlich um den Ort.

Holfelder: Edward, wie ist es bei dir – begreifst du dich denn mehr als Architekturfotograf oder eher

It's like seeing a patient being aided, and you experience him in a new light, as it were. You are happy for the house to look as it is now standing there.

Holfelder: What do you learn as an architect from the photographic staging? Peter, does it make you look at the building in a renewed and different way?

Haimerl: Yes, definitely – these stagings tend to be very humourous, besides the emphasis on the history of the house. A sense of something light and floating might suddenly be created. You learn that you should not take architecture and its solidity too seriously, but that an old house also reflects real life, in all its facets.

Görlich: Architecture isn't just formal and graphic – it is made up of more than just this grid of verticals and horizontals, of light and shadow, features to which we tend to reduce architecture all too readily.

Haimerl: Exactly! When these pictures become part of the architecture, your perception shifts. As an architect, you then understand that you must be able to allow formal mistakes, or even build some into the house, because certain architectural irregularities correspond exactly to these narratives around a building. Ultimately, you are more likely to remember the stories that are fractured or have flaws. Fabric that is the same everywhere is perceived as monotonous. I am more interested in the uneven. The rough. That is my basic approach.

Holfelder: So you also prefer a definition of architecture that goes far beyond the purely architectural?

Haimerl: Yes, it's really liberating. Normally, architecture is very self-referential, in terms of built structures that we are of course aware of and also use, I won't deny that, but in the end the whole architectural process, the way we do it, evolves into an open approach and into a story with many details from the past, basically into a structural reawakening in which subtle forms of humour also play a role.

Holfelder: When looking at this as a triad, the history of the house, the house itself and then your pictures – to what extent is this triad present in the architecture? Can the pictures be viewed at the house later on? How does the staging element of your approach accompany the architecture in everyday life?

Görlich: We do not show the pictures in the houses, instead they become part of the narratives about the house. When these buildings are presented, then the stagings with the woman in black, who functions as a kind of place amplifier, complement the presentation. They are a live part of the architecture communication – and you, Haimerl, also use them in your lectures and talk about the stories in the pictures.

Haimerl: You look differently at a house if you make its aura and surroundings visible. It's about immaterial, invisible spaces that are part of the architecture, and of course about the place.

Holfelder: Edward, do you see yourself as an architectural photographer or rather as a photographer who becomes part of the architectural process?

Beierle: This form of collaboration is highly specific; it probably wouldn't work in the same way with other architects. To some extent, I see myself as part of the architectural team that is involved in the building process right from the beginning. With my photographic eye, I see things that may then even be highlighted architecturally, things that may influence the planning process. Of course, as a photographer, I am also the one who documents everything that happens. But I pick out aspects that I find interesting. We do in fact always collaborate very closely around such a building.

Görlich: You are already there before the reconstruction starts – and then throughout and also afterwards, when you are actually taking pictures of the architecture itself.

als einen Fotografen, der ein Teil des architektonischen Prozesses wird?

Beierle: Das ist wirklich spezifisch bei dieser Art von Zusammenarbeit, das würde mit anderen Architekten, glaube ich, so gar nicht funktionieren. Hier begreife ich mich teilweise als Teil des Architekturteams, das von Anfang an in den Prozess des Bauens eingebunden ist. Ich sehe mit dem fotografischen Auge Dinge, die dann vielleicht sogar architektonisch hervorgehoben werden, Dinge, die einen Einfluss haben können auf den Planungsprozess. Als Fotograf bin ich dann natürlich auch der, der alles dokumentiert, was so passiert. Aber ich suche mir Aspekte heraus, die ich interessant finde, es ist tatsächlich immer eine sehr, sehr enge Zusammenarbeit rund um so ein Gebäude.

Görlich: Du bist halt auch schon da, bevor der Umbau losgeht – und du bist währenddessen da und eben danach, wenn du tatsächlich nur die Architektur fotografierst.

Holfelder: Es gibt in euren Fotos ein Narrativ, das weit über den Schedlberg hinausreicht, das heißt, ihr habt auch zu anderen Projekten von Peter Haimerl Fotos gemacht – und du, Jutta, trittst immer als die schwarze Frau auf. Das ist die Figur, die wie ein erzählerischer roter Faden bei allen Rekonstruktionen vorkommt. Die Frau ist immer da und schafft eine Verbindung zwischen den alten Häusern, die saniert werden.

Beierle: Ja, die schwarze Frau gibt es einfach. Das ist jetzt tatsächlich schon zehn Jahre her, dass wir ein Projekt das erste Mal so fotografiert und umgesetzt haben. Da haben sich dann die Tools, also das Bild der Frau und die Inszenierung mit den vor Ort gefundenen Gegenständen, sehr schnell entwickelt. Aber die Grundstimmung der Bilder, auch wenn man sie als fortlaufende Erzählung sehen kann, ist sehr unterschiedlich. Das kann einmal düster sein, ein anderes Mal sehr fröhlich, aber die inszenatorischen Werkzeuge, die wir verwenden, sind immer ähnlich, und deswegen kann man diese Fotos auch seriell betrachten. Inzwischen ist eine Vielzahl einzelner Projekte und Geschichten entstanden.

Holfelder: Zum Schluss würde ich gerne noch mal auf die Idee des Denkhauses kommen – Peter, in welcher Architektur kann man denn gut denken?

Haimerl: Ich glaube, man kann in derjenigen Architektur gut denken, die wirklich mit einem starken Ort verbunden ist. Das alleine reicht aber nicht. Ich finde, es muss auch ein gewisser Störfaktor dazukommen, ein Moment, der unsere Vorstellung von Architektur als etwas, was ganz und gar fest gefügt ist, bricht. Ein fragiles altes Gebäude reicht da nicht. Für mich braucht es auch einen zeitgemäßen und modernen Aspekt, etwas, was den Fortgang der Geschichte betont. Denken heißt ja eigentlich nichts anderes, als dass man quasi in jeder Sekunde etwas Neues erschafft. Und das muss moderne Architektur bieten. Sie muss jedem die Chance geben, dass er neue Zusammenhänge entdeckt, und dass er dabei überraschende, auch starke Gefühle empfindet.

Holfelder: Und die werden in diesem Fall durch den faszinierenden Kontrast von Alt und Neu befördert?

Haimerl: Genau, das ist der entscheidende Punkt! Es geht nicht einfach nur um die Sanierung eines alten Bauernhauses, was jeder per se natürlich als lobenswert und würdig empfindet, nein, es geht zusätzlich um die gedankliche Anregung durch fraktale Momente. Beim Schedlberg ist sowohl das Alte als auch das Neue fraktal. Das eine vergeht, das andere wird. Da ist aber nichts zu Ende gedacht und gebracht. Das alte Fraktale und das neue Fraktale schlagen im Zusammentreffen Funken – und so kann etwas Drittes entstehen, etwas, was eben das Denken befördert. Da muss Energie drin sein. Aber Energie muss man schaffen, die muss man reinbauen in ein Haus. Beim Schedlberg fällt das leichter, weil da in der Form des starken Ortes, der sich über Jahrhunderte entwickelt hat, schon ungemein viel vorhanden ist.

Holfelder: There is a narrative in your pictures that reaches far beyond the Schedlberg, that is, you have also taken pictures for other projects by Peter Haimerl — and you, Jutta, always appear as the woman in black. This character appears like a narrative thread in all your reconstructions. The woman is always there and creates a connection between the old houses being renovated.

Beierle: Yes, the woman in black is just there. The first time we staged and photographed a project this way was ten years ago. From there, the tools, i.e. the image of the woman and the stagings with objects found on-site, developed very rapidly. But the mood of the pictures, even if they can be perceived as a continuous narrative, is very different. One time it might be bleak, and then happy another time, but the staging tools we use are always very similar, which is why you can consider these pictures as a series. We have worked on a large number of individual projects and stories since then.

Holfelder: Finally, I would like to return to the idea of the Denkhaus — Peter, what kind of architecture is good for thinking?

Haimerl: I believe you can think well in architecture that has a good connection with a strong place. But that alone is not enough. I believe there must also be a certain amount of disruption, a moment that challenges our idea of architecture as something that is completely solid. I also need a contemporary and modern aspect, something that emphasizes the progress of history. Thinking means nothing else than creating something new almost every second. And that is what modern architecture must offer. It has to give everyone the chance to discover new links and to experience surprising and strong feelings in doing so.

Holfelder: Which, in this case, is also supported by the fascinating contrast between old and new?

Haimerl: Exactly, that is the key point! It is not only about the renovation of an old farmhouse, which of course everyone finds a commendable and worthy cause per se. No, it is also about the mental stimulation by fractal moments. At the Schedlberg both the old and the new are fractal. One passes away, while the other develops. But nothing is thought out and brought to an end. The old fractal and the new fractal strike a spark where they meet — and so a third thing can develop, something that supports reflection. It needs to be full of energy. But you have to create energy first, you have to build it into the house. In the case of the House at Schedlberg this is easy, because this powerful place, with its centuries-long history, already brings a lot of substance with it.

edward beierle
3 x 7

Peter Haimerl

*1961 in Eben,
Bayerischer Wald / Bavarian Forest, Germany
Architekt / Architect

Zoomtown / Research platform for urban transportation design
Mimesis Atelier
Cocobello
Castle of Air
Das schwarze Haus / Black House
Salvatorgarage
Birg mich, Cilli! / Harbour Me, Celia!
Konzerthaus Blaibach / Concert Hall Blaibach
Schusterbauernhaus / Shoemaker's Farmhouse
Waidlerhaus Blaibach
Haus am Schedlberg / House at Schedlberg

beierle.goerlich

Inszenierte Architekturfotografie / Staged architecture photography

Edward Beierle
*1968 in München / Munich
Fotograf und Künstler / Photographer and artist

Jutta Görlich
*1971 in Straubing
Künstlerin und Kunstpädagogin / Artist and art educator

Birg mich, Cilli! / Harbour Me, Celia!
Erinnere Dich in die Zukunft, Fred! / Remember Yourself into the Future, Fred!
Ach, bleib! / Stay With Us!
Verweile doch! / Please Linger!
Ach, ich! / Alas, I!
Pasing by
Umborde mich! / Wrap Around Me!
Derzbachhof

Moritz Holfelder

*1958 in Aschaffenburg
Autor, Architektur- und Filmkritiker, Radio-Journalist, Moderator /
Author, architecture and film critic, radio journalist and moderator

Das Buch vom Motorrad / A Cultural History of the Motorcycle
Kleine Philosophie der Passionen / A Small Philosophy of Passions
Fremdgehen. Eine Berliner Mauer Geschichte / Playing Around. A Story of the Berlin Wall
Palast der Republik. Aufstieg und Fall eines symbolischen Gebäudes /
Palace of the Republic. The Rise and Fall of a Symbolic Building
Werner Herzog: Die Biografie / Werner Herzog: The Biography
Wie früher die Flüsse / As the Rivers Once Were
Fotoausstellung vagues.wellen.waves / Photo exhibition vagues.wellen.waves

Sandra Hofmeister

*1970 in München / Munich
Autorin, Chefredakteurin Detail / Author, Editor-in-Chief of Detail

My Bauhaus / Mein Bauhaus
Bewohnte Natur / Living with Nature
Kostengünstiger Wohnungsbau / Affordable Housing
Holzbauten in Vorarlberg / Timber Structures in Vorarlberg
Fullhouse. Stefan Diez Office
Mein liebster Stuhl / My Favourite Chair

Beiträge in Zeitschriften und Zeitungen / Articles in magazines and newspapers:
Detail
deutsche Domus / German Domus
Mark magazine
DAMn magazine
Neue Züricher Zeitung

GLOSSAR

Austragshaus — Alterssitz von Bauern, die ihren Hof an die jüngere Generation übergeben haben. Meistens steht das Austragshaus in unmittelbarer Nähe des großen Hofs.

Denkhaus — Haus für Denkerinnen und Denker, für Gespräche und Begegnungen.

Einfirsthof — Haus mit durchlaufender Firstlinie, die Stall, Stadl und Wohnräume unter ein Dach fasst.

Flez — Eingangsflur in Bauernhäusern.

Gred — gepflasterter, leicht erhöhter Bereich vor dem Hauseingang.

Holzblockbau — Haus in massiver Holzbauweise.

Kammer — einfaches Schlafzimmer in einem Bauernhaus.

Stadl — Scheune für die landwirschaftliche Nutzung.

Gewölbekeller — Keller mit Gewölbedecke, typisch für bayerische Bauernhäuser.

Speis — Speisekammer.

Stube — zentraler Wohnbereich in Bauernhäusern.

Waidlerhaus — typisches Waldlerhaus im Bayerischen Wald. Die Bewohner der Region heißen Waidler.

GLOSSARY

Austragshaus – Single-family home for farmers who have passed on their farm to the younger generation. The building is usually located in the immediate vicinity of the larger farm.

Denkhaus – A "house for thinkers", for conversations and encounters.

Einfirsthof – Traditional farmhouse typology in the Bavarian Forest with stable, barn and living spaces under one single-ridge roof.

Flez – Bavarian term for the entrance hall of a farmhouse.

Gred – Bavarian term for a paved, slightly elevated area in front of the house entrance.

Holzblockbau – A log house of massive timber construction with horizontal interlocking logs; typical for traditional Bavarian farmhouses.

Kammer – A simple bedroom in a farmhouse.

Schedlberg – Lit. "Head Mountain". A hill in the Bavarian Forest, home to an old farmhouse renovated by architect Peter Haimerl.

Speis – Bavarian term for the farmhouse pantry.

Stadl – Bavarian term for a barn used for agricultural purposes.

Stube – The main living area in a farmhouse.

Vaulted cellar – The Bavarian Waidlerhaus typically has a cellar with a vaulted ceiling.

Waidlerhaus – A traditional farmhouse of the Bavarian Forest, variation of Waldlerhaus (lit. "forest house"). The farmers living there were called "Waidler", meaning those who live in the forest.

Bildnachweis / Picture credits
Umborde mich! / Wrap Around Me!: beierle.goerlich,
Porträt / Portrait of Moritz Holfelder: Moritz Holfelder
Porträt / Portrait of beierle.goerlich: Fanny Haimerl
Alle anderen Fotos / All other photos: Edward Beierle

Impressum / Imprint
Herausgeberin / Editor
Sandra Hofmeister

Texte / Texts
Jutta Görlich, Sandra Hofmeister, Moritz Holfelder

Projektleitung / Project management
Sandra Hofmeister

Lektorat / Copy editing DE
Katrin Pollems-Braunfels

Lektorat / Copy editing EN
Peter Green, Alisa Kotmair

Übersetzung ins Englische / English translation
Peter Green, Alisa Kotmair

Gestaltung / Design
Edward Beierle

Zeichnungen / Drawings
Peter Haimerl, Detail (Barbara Kissinger, Irini Nomikou)

Reproduktion / Reproduction
ludwig:media, Zell am See (AT)

Druck und Bindung / Printing and binding
Kösel GmbH & Co. KG, Altusried-Krugzell (DE)

Papier / Paper
Innenteil / inside pages:
170 g/qm Gardamatt Art
Überzug / cover:
115 g/qm Surbalin 6146

Die für dieses Buch verwendeten FSC-zertifizierten Papiere werden aus Fasern hergestellt, die nachweislich aus umwelt- und sozialverträglicher Herkunft stammen.

The FSC-certified paper used for this book is manufactured from fibres originating from environmentally and socially responsible sources.

DETAIL – Detail Business Information GmbH, München / Munich
detail.de
detail-online.com
ISBN 978-3-95553-472-1 (Print)
ISBN 978-3-95553-473-8 (E-Book)

 Bibliografische Information der Deutschen Nationalbibliothek: Die Deutsche Nationalbibliothek verzeichnet diese Publikation in der Deutschen Nationalbibliografie; detaillierte Bibliografische Daten sind im Internet über dnb.d-nb.de abrufbar.

 Bibliographical information published by the German National Library: the German National Library lists this publication in the Deutsche Nationalbibliografie database; detailed bibliographical data are available online at: dnb.d-nb.de.

Peter Haimerl
Lothringerstraße 13
81667 München / Munich (DE)
+49 89 44760561
architektur@peterhaimerl.de
peterhaimerl.de

beierle.goerlich
Edward Beierle
Jutta Görlich
Aurbacherstraße 1
81541 München / Munich (DE)
fotodesign@edwardbeierle.de
juttagoerlich@web.de

beierlegoerlich.com
info@beierlegoerlich.com

MIX
Papier aus verantwortungsvollen Quellen
FSC® C013736